調べて、くらべて、考える!

くらしの中の

和と洋

着る

汐文社

はじめに

この巻では「衣服」をテーマにしています。

日本では「着物」と呼ばれる「和服」を着てきましたが、西洋では、ずっと「洋服」を着ています。

日本では蚕の繭からつくった「絹」が重用されてきましたが、西洋では綿花からつくった「綿」が重要な役割を果たします。

足に履くものにもちがいがあり、日本では長い間、「わらじ」や鼻緒で履く「ぞうり」や「下駄」が使われてきましたが、西洋では古くから「靴」が用いられてきました。

水や汗をぬぐう布にも、日本の「手ぬぐい」と、西洋の「ハンカチ」というちがいがあります。

この本では、こういった日本と西洋の「衣服」や「身につけるもの」「日常的に使うもの」に関するちがいを10個紹介しています。

自分のこと、自分の国のことは、普通だと思いがちです。でもこうやってくらべてみることで、どちらも個性があり、どちらも特別で、どちらにも独自の背景があることがわかるはずです。

日本は、明治維新、そして太平洋戦争の敗戦といった契機を経て、くらしが大きく西洋化しました。日本ならではの文化というものも、年々、減ってきています。ただ、日本らしい衣食住が生まれた背景には、この国がもつ四季や自然環境などが大きく関わっています。いわば必然として日本らしい衣食住は生まれてきたのです。

この本が、日本らしい衣食住に気づき、そのよさに気づくきっかけになりますよう。また西洋、そしてこの本で紹介しきれなかった多くの諸外国にも、日本と同じように独自の文化があることに気づくきっかけになってくれたら嬉しく思います。

岡部 敬史

も く じ

和服と洋服

日本の服といえば、着物を意味する「和服」。一方、西洋の服といえば、シャツやズボン、スカートなどの「洋服」を指すのが一般的です。今では、日本人でも洋服を着る人の方が多数ですが、なぜ日本と西洋では服のちがいがあったのでしょうか。それぞれの歴史にふれながら、そのちがいを見てみましょう。

日本 JAPAN

❈ 和服 ❈

「和服」は、西洋の「洋服」に対して生まれた言葉で、主に「着物」を指す言葉です。古代の日本では、布を体に巻きつけるような簡単な服が使われていましたが、次第に身分の高い人を中心に、さまざまな加工がなされた服が着られるようになっていきます。

和服

古代の日本人の服装を調べてみると、弥生時代には、男性は「巻布衣」、女性は「貫頭衣」というものを着ていたようです。巻布衣とは、布を体に巻きつけた服、貫頭衣は布に穴を開けてそこから頭を通して身につけた服です。どちらも布を簡単に身につけるものでした。

※

中国大陸からさまざまな技術が伝えられるようになると、それまで麻を使った布が中心だったところに、絹を使った織物が使われるようになり、多様な色も用いられるようになりました。平安時代には、貴族の服装が華美になり、女性は正装として「十二単」を身につけました。これは身幅や袖幅のゆったりとした「大袖」と呼ばれるものを何枚も重ねて着たもので、冬にはその中に袖口の小さな「小袖」と呼ばれる服を保温のために着ていました。

庶民は、小袖や袖なしの着物を着ていました。この小袖が、現在の着物の原型とされています。

※

日本の着物の大きな特徴のひとつが、生地をまっすぐに切って縫い合わせている点です。そのため平面的なつくりになっていて、畳んで片づけることができます。

一方、洋服は、曲線状に切って縫い合わせているため立体的なつくりになっており、片づけるときはハンガーに吊るします。

着物は1枚の反物から「袖」や「衿」、体を覆う部分の「身ごろ」などを無駄なく切り取り、これを縫い合わせてつくります。そのため、サイズを直したり、破れた部分を補正したりするのが簡単で、何度もつくり直すことができるのも大きな特徴です。

着物を畳む

✳ 洋服 ✳

古代の西洋でも日本と同じように、体に布を巻きつけるような服を着ていました。しかし、徐々に日本とはちがう発展を遂げます。そのひとつの例がボタンの登場。日本の着物は帯や腰紐といったものを使っていましたが、なぜ西洋ではいち早くボタンを使うようになったのでしょうか。

洋服

紀元前の古代ローマでは、「トガ」という体に巻きつける大きな布の服が使われていました。日本でも「巻布衣」という体に巻きつける服が着られていたので、服のはじまりは日本も西洋もそれほど変わらなかったことがわかります。

✳

しかしその後、和服と洋服には、いくつかのちがいが生まれます。そのひとつが服の留め方です。布を体に巻きつける服は、何もしないとどうしてもはだけてしまいます。そこでいろんな方法で留めるのですが、いちばん簡単な方法は、紐などを使って体に巻きつけることです。

和服は帯や腰紐など、紐状のもので巻きつけるという形から変わりませんでした。一方、西洋では、13世紀頃高級な服を中心にボタンが使われるようになり、19世紀には大量生産され庶民の服にも広く用いられるようになります。

＊

　なぜ西洋では、ボタンが用いられるようになったのでしょうか。

　ひとつ考えられるのが、気候の差です。日本にくらべて、多くのヨーロッパ地域は寒冷です。紐で体に布を巻きつけるよりも、ボタンでしっかりと留めた方が、冷気を遮断することができて暖かいと考えられます。一方、夏の暑い時期をどう過ごすのかが大きな問題だった日本では、紐でゆったりと着る方が適していたのです。

＊

　服のつくりが立体的になっているのも洋服の特徴で、布地は曲線状に切って縫い合わせています。肩のラインを美しく見せるために「肩パッド」と呼ばれる詰め物を上着につけるのも、洋服における工夫のひとつです。上着と共布のスラックスやスカートからなる一揃いのスーツの上着の大半には、肩パッドがつけられています。

洋服は曲線

　袖ボタンは何のため？

　ボタンは服を留めるためのものですが、留めるという機能を持たないのがジャケットの袖ボタンです。なぜ、機能のないボタンがつけられたのかには、フランスの皇帝だったナポレオンが関係しているという説があります。

　ナポレオンがロシアに侵攻したとき、あまりの寒さに鼻水をジャケットの袖口でぬぐう兵士が続出。兵士の見た目にもこだわったナポレオンが、袖口で鼻水をぬぐえないようにボタンをつけたという逸話が残っています。

袖ボタン

烏帽子とシルクハット

日本の帽子といえば「烏帽子」。奈良時代から江戸時代にかけて長く用いられ、時代によっては1日中かぶっている人も少なくありませんでした。一方、西洋の帽子といえば、「シルクハット」が思い出されます。人は、いつから、どういった目的で帽子をかぶるようになったのでしょうか。日本と西洋、それぞれの帽子の歴史と、そのちがいを見てみましょう。

日本 JAPAN

※ 烏帽子 ※

日本の帽子は、暑さや寒さをしのぐといった実用目的から、身分をあらわすなど儀礼的な意味を持つようになりました。日本独自の帽子「烏帽子」は、その色が黒いことから名づけられたものです。日本で西洋の帽子が広がったのは明治時代になってからでした。

烏帽子

古墳から出土する埴輪に帽子をかぶったようなものがあることからも、日本では古代からすでに「何かを頭にかぶる」という文化があったことがわかります。もともとは、暑さや寒さをしのぐ、あるいは頭部を守る目的であったであろう帽子も、身分をあらわす、礼を尽くすといった意味を持つようになりました。

烏帽子

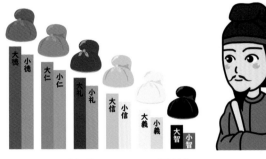

儀礼としての帽子のはじまりのひとつが、飛鳥時代に厩戸皇子（聖徳太子）が立案したとされる「冠位十二階」です。頭にかぶる冠の色を分けて、その人の階級がわかるようにしたもので、それまでの縁故によって役職が決められていた社会から、実力によって誰でも昇進できる世の中になったことを示したものとも考えられています。

※

奈良時代から広く用いられた日本独自の帽子が「烏帽子」です。烏帽子の「烏」は「カラス」と読み、この帽子が黒いことから名づけられたようです。

男性は、成人となる儀式である「元服」をおこなうと、人前に出るときは烏帽子や冠をかぶりました。特に平安時代から室町時代の前半にかけては、頭の上に何もかぶっていないのは恥ずかしいとする意識が強く、庶民の多くも烏帽子を1日中かぶっていました。しかし戦国時代頃から烏帽子をかぶる人は少なくなり、江戸時代になると

折烏帽子

公家や、特別な儀式に出席する武士だけがかぶるものになりました。なお烏帽子にもさまざまな形があり、武士は、烏帽子の先を折った折烏帽子というものを用いました。

※

日本で広く西洋の帽子がかぶられるようになったのは明治時代になってからです。服装が西洋化した当時、スーツとともに帽子をあつらえる人が多く、洋装した男性の多くは帽子をかぶりました。

❊ シルクハット ❊

西洋の帽子も実用のために使われ、その後、儀式などで用いられるようになります。14世紀頃からファッションとしてかぶられますが、その後「カツラ」が人気となりました。19世紀にシルクハットが流行して、また帽子が人気となり、ハンチングなどさまざまな帽子が生み出されました。

シルクハット

　西洋の帽子の源流は、紀元前の古代ギリシアの時代に使われていた「ペタソス」という広いつばで山の部分の低い帽子になるようです。帽子は、暑さや寒さをしのぐという実用のため、または儀式のために使われていましたが、次第に装飾目的に用いられるようになりました。貴族など上流階級の男性たちが、宝石やリボンなどで飾り立てた帽子をかぶったのです。

　その後16世紀頃から、頭には「カツラ」がかぶられるようになります。その起こりは、頭髪が薄くなった王様が頭部を隠そうと着用し、臣下たちがそれを真似たからという説があります。この時代に活躍した音楽家のバッハなどの肖像画を見ると長い髪をしていますが、あれはカツラ

をかぶっているのです。

＊

　19世紀の前半に広く人気になった帽子が「シルクハット」です。この円筒形で縁の部分がやや反り上がった帽子は、もともとはビーバーの毛皮でつくられていましたが、後に「シルク」（絹）を使うようになったため、シルクハットと呼ばれるようになりました。燕尾服やモーニングコートに合わせる礼装用のものですが、帽子は貴族も庶民も同じものを愛好できる風土があり、多くの庶民もかぶりました。

＊

　シルクハットより庶民に広まった帽子が「ハンチング」です。19世紀の半ばからイギリスで狩猟用に使われるようになったもので、前にひさしがつき、頭の上の部分が平らな帽子で、安く製造できることも人気の要因となりました。
　その他、20世紀にはパナマ草の若葉を細かく裂いたものを編んだ「パナマ帽」などが、世界で人気を集めました。

カツラを着用したバッハ

ハンチング

パナマ帽

 **9割以上の男性が帽子をかぶっていた時代**

　今では、外出するときに帽子をかぶる人の方が少数派ですが、明治から大正、昭和の初期にかけての日本人男性は「その9割以上が帽子をかぶっていた」といわれています。それには、明治になって江戸時代まで頭の上にあった「ちょんまげ」がなくなり、その代わりに帽子を求めたという説があります。また明治期に、頭に直接冷たい風や強い日差しが当たると病気になるという噂が広まったことも要因のようです。実際、明治から大正時代にかけての群衆の写真を見ると、多くの人が帽子をかぶっていることがわかります。

着物に帽子の街頭風景

絹と綿

　日本が本格的に他国と貿易するようになった明治維新以降、その主要産物となったのが「絹」（生糸）です。一方、18世紀、イギリスで起こった産業革命の中心的な産物となったのが「綿」でした。どちらも衣服をつくるのに用いられてきた原料ですが、それぞれどのようなちがいがあり、日本と西洋にどのような影響を与えてきたのでしょうか。

日本 JAPAN

※ 絹（生糸）※

　日本の着物をつくるのにも使われる「絹」という糸は、蚕という蛾の仲間の繭からつくられるものです。日本ではこの蚕を1頭、2頭と数えることもあるほど大切に育ててきました。明治になると、絹（生糸）は海外に輸出されて、日本の近代化を大きく支えました。

絹

日本の着物の多くは、絹という糸でつくられてきました。着物の美しい光沢は、この絹の特性によって生み出されています。絹は、蚕という蛾の仲間が、サナギになるときにつくる繭から取った糸です。蚕は桑の葉だけを食べるので、桑畑をつくり、蚕を育て、繭から糸を取る一連の作業を「養蚕業」といいます。

絹糸

✳

日本ではこの蚕を、1匹、2匹ではなく、1頭、2頭と数えることもあります。これは、蚕を牛や馬と同じような大切な家畜と考えているためです。漢字の成り立ちが「天の虫」であることからも、蚕がとても大切にされてきたことがわかるでしょう。

✳

日本で養蚕がおこなわれるようになったのは、弥生時代からと考えられています。長い間生産量が少なく、高価な着物にだけ使われるものでしたが、江戸時代になると絹織物の人気が庶民にも広がります。当初は、中国から多くを輸入していましたが、江戸幕府は国内での養蚕業を奨励します。また、より飼育が簡単な蚕の品種が普及したこともあり、国内の絹の生産量は大きく伸びていきます。

✳

明治時代になると、新政府は国産の生糸（絹）を輸出品の重要品目と定め、群馬県の富岡製糸場など大きな工場を建設します。そして外貨獲得のために世界にこの生糸（絹）を輸出し、明治、大正、昭和の初期にかけて、日本の輸出品目で輸出額1位の時代が続きました。そして1909年には世界最大の輸出国になりました。しかし戦争で養蚕業は大きな打撃を受け、またナイロンやポリエステルといった化学繊維が開発されたことから需要も低下し、国内の養蚕業は縮小していきます。

＊蚕が排出した繊維を紡いで糸状にしたものが「生糸」。この生糸から汚れなどを取り除き織物などに使えるようにしたものが「絹」です。

綿

イギリスからはじまった「産業革命」において、その主役ともいうべき品目が「綿」でした。もともとはインドからイギリスが輸入していましたが、その原料から綿織物をつくる作業を機械化してイギリスが大量生産に成功。イギリスは綿織物の一大生産地になりました。

綿

「産業革命」はご存じでしょうか。

これは18世紀の後半、イギリスではじまった大きな社会変化を指す言葉で、産業の機械化、技術革新によって、それまでの小規模な手工業から大規模な機械制工業への転換を意味しています。歴史の教科書にも必ず載る重要なキーワードですが、この産業革命の主役ともいうべき品目が「綿」でした。

イギリスでは、もともと毛織物が主流でした。つまり羊の毛を原料にした繊維ですが、17世紀にインド産の綿花でつくられた「キャラコ」と呼ばれる綿布が急速に普及します。綿の実を守

る「種子毛」と呼ばれる部分からつくられるこの
布は、その吸水性のよさや肌触り、加工のしやす
さなどからイギリス社会に広まりました。しかし、
これによってそれまで毛織物の仕事をしていた人
は、仕事が激減。キャラコの輸入に反対運動が起こ
り、1700年には輸入が禁止されますが、その後
もキャラコを使いたいという人がたくさんいたの
で、イギリス国内ではインドから綿花を輸入して、
国内で綿布をつくろうという動きが生まれます。

キャラコ

ただイギリスはインドにくらべて労働賃金が高い
ので機械化が必要。そこで技術開発に力が注が
れて、18世紀後半には一度に8本の糸を紡ぐジェ
ニー紡績機という機械が発明されます。これは手
動でしたが、水力そして蒸気機関による紡績機も

紡績機

つくられてイギリスは綿織物の一大生産地になりました。この蒸気機関が、後に機関車や蒸気
船へと発展し、大きく歴史を変革させていきます。このように、歴史の大きな流れをつくったは
じまりには綿布があったのです。

コラム 蚕の不思議〜なぜ絹はキラキラと輝いて見えるのか〜

絹を生み出す蚕は、野生の蛾を人間が飼い慣らした生き物です。そのため幼虫は、ほと
んど動くことがなく、自分では餌を取ることもできません。また成虫には羽が生えていま
すが飛ぶこともできないのです。絹の糸はキラキラ
と輝いていますが、これは蚕の口の形が三角形であ
り、その口から吐き出される糸には角があり、そこに
光が反射するためとされます。貴重な絹をつくる蚕
は「お蚕さん」や「お蚕様」と呼ばれて大切にされて
きました。

蚕

和傘と洋傘

日本も西洋も、同じように雨が降り、同じように日差しが強い日があります。そのためどちらでも「かさ」が使われてきましたが、それぞれに独自の歴史と特徴があります。現在の日本では「かさ」というと開く「傘」を想像しますが、長く使われてきたのは頭にかぶる「笠」でした。また西洋にも「パラソル」と「アンブレラ」という「かさ」を意味する2つの言葉があります。

日本 JAPAN

和傘

日本には、頭にかぶる「笠」と手で持つ「傘」がありますが、その歴史は笠の方が古いと考えられています。日本でつくられた傘は「和傘」と呼ばれ、柄の部分には竹、屋根の部分には和紙を使っています。有名な和傘に、「蛇の目傘」や「番傘」があります。

和傘

日本の「かさ」には、大きく分けて「笠」と「傘」があります。笠は頭にかぶるもの。一方傘は、柄がついていて手で持つものです。歴史的に見れば、より早く使われていたのはかぶる笠で、竹などの身近な素材を使い、雨や日光から頭を守っていたと考えられます。柄がついた傘は、6世紀中頃に朝鮮半島から伝えられたとされます。当初は、身分の高い人に対して、従者が手に持ってかざす「差し掛け傘」でした。これが安土桃山時代頃から、開閉する傘がつくられ、身分の高い人から順に使われるようになっていきます。

傘に用いられる主な材料は、柄の部分は竹で、屋根の部分は和紙でした。日本でつくられてきた傘を「和傘」と呼びますが、和傘の代表的なものに「蛇の目傘」と「番傘」があります。

蛇の目傘は、江戸時代の初期からつくられるようになったもので、中央に太く描かれた白い円が、蛇の目に見えることから名づけられた傘です。骨組みが細く装飾があり、江戸時代、歌舞伎の小道具として使われたことで流行したとされます。童謡『あめふり』の歌詞の一節の「じゃのめ」とは、この蛇の目傘のことを指します。

より広く庶民に使われるようになったのが番傘です。蛇の目傘よりも骨組みが太く、普段使いの傘という位置づけでした。

❋

日本で西洋の傘が一般にも使われるようになったのは、江戸時代の終わりから明治時代にかけてのことです。当時、洋傘は「こうもり」と呼ばれました。これは黒い傘の骨と、傘の布の形がこうもりの羽に似ていたためだとの説があります。

蛇の目傘

番傘

くらしの中の和と洋

衣

洋傘

西洋の傘も、その起こりは身分の高い人に従者がかざすもので、権力を誇示するための道具でもありました。西洋では、一時「傘は女性のもの」と考えられ、男性はあまり使わない時代がありました。現在も、イギリスなどでは、日本にくらべると雨天でも傘をささない人の割合が多いようです。

洋傘

日本に「笠」と「傘」があったように、西洋にも「かさ」を言いあらわす主な言葉に「パラソル（parasol）」と「アンブレラ（umbrella）」があり、それぞれ「日傘」と「雨傘」を意味します。

西洋の傘の起源を見ると、日本と同じように、身分の高い人に従者が手で持ってかざすもので、古代ギリシアなどでは主に太陽の日差しを遮るため、また権力を誇示するために用いられていたようです。

こういった傘は開いたままの重いものでしたが、13世紀のイタリアで開閉式の傘がつくられるようになりました。当時、傘の骨は鯨の骨などでつくられていたそうです。

その後、傘にはさまざまな装飾が施されるようになり、主に女性が使うようになります。イギリスなどでは、男性は外出時にはステッキを持ち、雨は帽子で防ぐのが一般的でした。このように一時期、西洋では「傘は女性のもの」という意識が強く、イギリスの男性が雨傘を使うようになったのは18世紀の後半からだとされています。雨傘の柄の部分をステッキの形にしてから広まったという説もあります。

なお現在も西洋では、雨でも傘をさす人が少ないようで、とりわけイギリスの人は、傘をささないことで知られています。日本人なら当たり前のように傘をさすくらいの雨が降っても、なかなか傘をさしませんし、傘を持っている人も多くありません。イギリスの雨の大半は降り出してもすぐにやむ場合が多いこと、雨とともに強い風が吹いて、傘をさしにくいこと、日頃から防水性に優れたコートを着用している人が多いことなどがその理由と考えられています。

日傘

雨傘

日本で発明されたビニール傘

今、もっともポピュラーな傘といえる「ビニール傘」は、東京の浅草にある傘メーカーが1958年に開発したものです。画期的な商品でしたが、それまでの傘職人の技術を必要としなかったため、販売ルートから締め出されて思うように売り上げが伸びませんでした。しかし1964年、東京オリンピックを観戦に来ていた外国人バイヤーの目に留まり、ニューヨークで大ヒット。その後、日本でも人気商品になったそうです。なお、折り畳み傘は1928年にドイツで発明されたものです。

ビニール傘

紋付袴とモーニング・コート

日本の正装といえば「紋付袴」。そして西洋の正装といえば「モーニングコート」でしょうか。洋装の正装といえば「スーツ」を思い浮かべる人もいるでしょうが、どうちがうのでしょう。また日本の女性の正装には、留袖や振袖などもありますが、いつ何を着るべきなのでしょうか。和装・洋装の「格」にも触れながら、それぞれの正装について見てみましょう。

日本 JAPAN

紋付袴

服には格づけがあり、男性の和服でもっとも格上なのは「黒五つ紋付羽織袴」という家紋が5つ入った羽織袴です。女性の和服で、もっとも格上なのは、同じく5つの家紋が入った黒留袖か色留袖。成人式で着る人が多い振袖は、未婚の女性が着るもっとも格上の和服です。

羽織袴

黒留袖

服には、どういった場所で着るのがふさわしいかという格づけがあります。結婚式や葬式などの式典で着るもっとも格が高い服を「正礼装（第一礼装）」といいます。次に格が高いのが「準礼装」「略礼装」、そして「普段着」となります。

※

　男性の和服の正装として、多くの人が思い浮かべる「紋付袴」は、「紋付羽織袴」と呼ばれるものです。江戸時代中期から武士の略礼装として着られるようになったもので、5つの家紋を入れた黒い生地の着物と羽織、縞袴を着用するのが正式とされ、これを「黒五つ紋付羽織袴」といいます。これが現在の正礼装とされ、結婚式で新郎が着る姿が今でもよく見られます。この家紋の数が3つになったものが「三つ紋付羽織袴」と呼ばれて、こちらは結婚式に出席する人が着るなど略礼装として用いられています。

※

　女性の和服の正礼装は、黒留袖と呼ばれる着物です。黒地で上半身には柄がなく、裾まわりに縁起のよい絵柄が描かれています。男性の紋付袴と同じく、こちらも五つの家紋が入ります。色留袖は、黒以外の着物でめでたい柄が入ったもので、五つ紋が正礼装、三つ紋や一つ紋は略礼装とされます。現在、成人式などで若い女性が着ることの多い「振袖」は、未婚の女性がお祝いの場で着る正礼装です。

※

　黒い着物が正装になった転機は、江戸時代とされます。豊臣秀吉が天下をにぎっていた安土桃山時代までは、派手な着物が正装とされていましたが、徳川家康が江戸幕府を開いた頃に、黒を基調とした服を正装とするようになりました。それは家康による新しい時代になったと世間に知らしめる意図があったと考えられています。

振袖

色留袖

＊ モーニングコート ＊

西洋の正装にも和服と同じような格づけがありますが、昼と夜、それぞれの時間帯にふさわしい装いも決められています。男性の昼の正装はモーニングコート、夜はイブニングコート。女性の昼の正装はアフタヌーンドレス、夜はイブニングドレスです。なお「スーツ」は、上下が一揃えになった服を意味します。

モーニングコート

　洋服にも和服と同じように「正礼装（第一礼装）」と「準礼装」「略礼装」という考えがありますが、それ以外に昼と夜、時間帯による装いが定められています。

　洋服の正装として知られる「モーニングコート」は、昼間の正礼装です。後ろの裾が長い上着と、上着と同じ生地のベスト、そして縞柄のパンツなどから構成されるもので、19世紀のイギリスで生まれたものです。

　夜間の正礼装とされるのが「イブニングコート」です。モーニングは、前方部分が緩やかなカーブを描くようにカットされているのに対して、イブニングは、裾が角ばった形にカットされて

いるなどのちがいがあります。長く切れ目のある後ろの裾（すそ）がツバメの羽（はね）のようなので「燕尾服（えんびふく）」とも呼ばれます。また「タキシード」というのは、イブニングコートの略礼装（りゃくれいそう）で、背広形（せびろがた）の上着に黒の蝶（ちょう）ネクタイを着用するスタイルの服装（ふくそう）です。

なお、女性（じょせい）の正装（せいそう）も昼は「アフタヌーンドレス」、夜は「イブニングドレス」と時間帯（じかんたい）によって異（こと）なっています。数あるちがいのひとつに、肌（はだ）を露出（ろしゅつ）させる度合いがあります。昼間のアフタヌーンドレスは肌（はだ）をあまり露出（ろしゅつ）させないのに対して、イブニングドレスは胸元（むなもと）や背中（せなか）など肌（はだ）を露出（ろしゅつ）させるのがよいとされています。

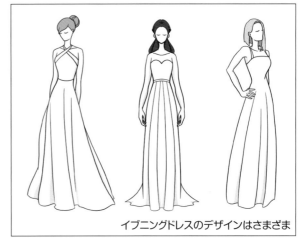
イブニングドレスのデザインはさまざま

よりカジュアルな場所でも着られる「スーツ」は、英語で「suit」と書きます。この言葉には「揃（そろ）っている」という意味があるように、男性（だんせい）の

スーツ

場合は上着とズボン（ここにベストが加わる場合もあります）、女性（じょせい）の場合は、上着とスカート（あるいはズボン）が、一揃（ひとそろ）えになった服を指（さ）します。

コラム　男性（だんせい）の着物の裏地（うらじ）が派手（はで）なのは江戸時代の御触（おふ）れのため

男性（だんせい）の着物は、一見、地味な色柄ですが、表からは見えない裏地（うらじ）に見事な動物や風景（ふうけい）を施（ほどこ）したものもあります。このように見えないところを派手（はで）にすることを「裏勝（うらまさ）り」といいます。

こういった文化は、江戸時代にたびたび出された「奢侈禁止令（しゃしきんしれい）」の名残（なごり）とされます。「奢侈（しゃし）」とは「ぜいたく」という意味で、幕府（ばくふ）は庶民（しょみん）に「ぜいたくをしてはいけません」という通達（つうたつ）をたびたび出したのです。そこで表から見えないところにおしゃれをしたのが、この裏勝（うらまさ）りのはじまりとされています。

派手（はで）な裏地（うらじ）

ファッションにもある
「アメリカ」と「イギリス」
のちがい

レジメンタルタイ

　アメリカは、1776年にイギリスから独立して建国された国です。英語を話すなど共通点は多いものの、異なることもたくさんあります。特にアメリカの人たちには「イギリスと同じでは嫌だ」と、意図して変えたことがいくつかあるのですが、そのひとつがファッションの世界にもあります。それがレジメンタルタイの模様です。

　レジメンタルタイとは、正式名称を「レジメンタル・ストライプ・タイ」といいます。「レジメンタ

ル (regimental)」とは「連隊の」という意味の言葉で、イギリス軍の連隊の旗が斜めストライプであったことから、レジメンタルタイといえば、斜めストライプのネクタイを指します。

✳

　イギリス軍では、ストライプは右上がり（向かって「ノ」の字）でしたが、アメリカでは向きを逆にしたものが販売され人気となります。それ以降、向かって右上がりのストライプはイギリス式で、その逆がアメリカ式になっているのです。知らないとまったく気づかないちがいですが、知るととても気になります。日本で目にするのは、その多くがイギリス式ですが、まれにアメリカ式のネクタイを締めている方がいて、見つけるとなんだか少しラッキーな気分になりますよ。

✳

　他にも、スーツの形などアメリカとイギリスのちがいはたくさんあるのですが、ファッション以外に目を向ければ、銃とお酒の規制のちがいが目につきます。

✳

　アメリカでは、「個人の安全を自ら守るため」といった理由で、一般市民による銃の所持が認められています。これに対して、イギリスは銃の規制が大変厳しく、警官でさえも通常は所持することが禁じられています。

✳

　一方、アルコールに対する規制に関しては銃と逆でアメリカが厳しく、アメリカの大半の州で飲酒可能な年齢は21歳以上。また屋外や公共の場での飲酒も基本的には禁止されています。一方、イギリスは18歳以上が飲酒可能で、親が同伴している食事の場ではビールやリンゴの発泡酒であれば16歳から飲酒可能です。

✳

　この他、王室の有無や、スポーツの好みなど、日本人からは「似たような国」と思われがちな両国には、思った以上にちがうところがあるのです。

白無垢とウェディングドレス

　現在、結婚式における花嫁衣装には、和装の白無垢と洋装のウェディングドレスがよく用いられます。なぜ日本と西洋で、同じ白い衣装が用いられているのでしょうか。また、頭に綿帽子や角隠しと呼ばれるものをかぶりますが、これにはどんな意味があるのでしょう。日本と西洋、それぞれの花嫁衣装のちがいを見てみましょう。

日本 JAPAN

白無垢

　白無垢は、色打掛や振袖など数ある和装の花嫁衣装の中でもっとも格が高いとされる服装です。その白さには、「嫁ぎ先の家風に染まる」という意味がありました。また綿帽子や角隠しを頭にかぶるのも大きな特徴です。

白無垢

白無垢とは、着物や小物などすべてが白い色で仕立てられた和服を指す言葉です。神官なども着用しますが、今や白無垢といえば、花嫁衣装を連想する人が多いでしょう。

　和装の花嫁衣装にも色打掛や引き振袖、振袖などありますが、その中でもっとも格が高いとされるのが白無垢で、その起こりは室町時代にあります。武家の花嫁が着るようになったもので、その白さは「嫁ぎ先の家風に染まる」という意味を持つとされます。

　白無垢の花嫁は、頭に白いかぶりものをします。

　2種類あり、ひとつは綿帽子です。これは楕円形をした袋状の帽子で、結婚式が終わるまでその顔を新郎以外に見られないようにという意図があります。また邪気などから花嫁を守るという意味もあります。基本的に白無垢の衣装のみに合わせるもので、式が終わると取り外すのが一般的です。

　もうひとつが角隠しです。これは頭を覆うように巻く白いかぶりもののことで、表は白絹、裏は紅絹で仕立てられています。角とは鬼の角を意味し、この角を女性の嫉妬や怒りにたとえ、そういったものを抑えて嫁ぐという意味があります。角隠しは、白無垢だけでなく色打掛などにも合わせることができ、挙式だけでなく披露宴でもつけられることがあります。

　白無垢の白の意味や角隠しの由来には、かつて結婚は家どうしの結びつきという意味が強かった日本の伝統や、古い女性観念があります。ただ、現代ではそのような意味は薄れ、日本の伝統美として身につける人がほとんどです。

綿帽子　　　　　　　　　角隠し

くらしの中の和と洋

衣

ウェディングドレス

※　　　　　　　　　　　　　　　　　　　　　　　　　　　※

洋装の花嫁衣装であるウェディングドレスといえば、白のイメージですが、かつては赤や青、黒などの色が主流で白が定着したのは19世紀になってからのことです。裾が長いものが多いのは、かつて身分の高い女性ほど裾が長いドレスを着ていたことに由来します。

ウェディングドレス

　　ウェディングドレスのはじまりは諸説ありますが、西洋の中世に、貴族の花嫁が教会での結婚式に着たものが、その起源ではないかと考えられています。ウェディングドレスといえば、現在は「白」というイメージですが、中世の花嫁衣装は、花嫁の家の「格」を示すものとされ、赤や青など派手な色が使われていました。その後、結婚式の文化が庶民に広がると、普段でも着やすいという理由もあって黒など落ち着いた色が用いられるようになります。白いウェディングドレスが一般化していくのは、1840年にイギリスのビクトリア女王が結婚式で、白いドレスを用いてからとされます。白が持つ純潔や純真というイメージが花嫁とマッチして広がり、19世紀後

半からは白以外のものはほとんど見られなくなりました。

✳

　ウェディングドレスには、さまざまなデザインのものがありますが、裾がとても長いものが多く見られます。これは中世において、身分が高い女性ほど裾が長いドレスを着ていたことに起因しています。イギリスの元皇太子妃であったダイアナ妃は、結婚式で7メートルを超える裾のドレスを着用して、世間を驚かせました。

✳

　ウェディングドレスに付随したアイテムといえば、頭からかぶる薄い布のベールです。これは顔を隠すことで花嫁を邪悪なものから守るためという意味があります。結婚式の前に花嫁の母が、ベールで花嫁の顔を覆います。身支度がすべて整った証でもあり、花嫁はその完全な姿で新郎の元に歩み寄り、新郎はベールを上げて誓いのキスをするのです。

ベール

ブーケトス

コラム　ブーケトスの意味とは?

　花嫁が手に持つ花束がブーケです。結婚式が終わった後、ゲストに背を向けた花嫁が、後ろ向きにこのブーケを投げ、それを受け取った人は「次の花嫁になれる」といわれ、結婚式の演出のひとつになっています。一説には、14世紀のイギリスでは新婦の持ち物に触れば幸せになれると信じられており、この話からブーケを投げるという演出が生まれたとされます。なお、花婿が男性のゲストに向かってブロッコリーを投げるブロッコリートスという演出もあります。

かんざしと指輪

アクセサリーと聞くと、多くの人は指輪や首飾りを想像することでしょう。多くの国でこういったアクセサリーを身につけていた歴史がありますが、日本では長い間、そのような習慣はありませんでした。ただ、かんざしやくしなどで髪を飾る文化はありました。日本と西洋におけるアクセサリーの歴史を見てみましょう。

日本
JAPAN

✴ かんざし ✴

日本には、奈良時代頃から江戸時代の終わり頃までという長きにわたって、指輪や首飾りなど、多くの国で使われていたアクセサリーを使っていなかったという独自の歴史があります。ただ、かんざしやくしなどで髪を美しく飾る文化はありました。

かんざし・くし

日本では、奈良時代頃から江戸時代が終わる頃まで、指輪や首飾り、耳飾りといった装飾品が使われることはほとんどありませんでした。その理由は、着物が装飾品に合わないことなど諸説ありますが、定かではありません。ただ世界の国々でこういった装飾品が使われてきた中、これは日本の大きな特徴といえます。

つまみかんざし

＊

装飾品の代わりに、日本では髪を飾る文化が育まれていきます。とりわけその文化が花開いたのが江戸時代です。平安時代から鎌倉時代頃まで、多くの女性は髪を後ろに長く垂らしていました。これが安土桃山時代頃から結い上げるようになり、江戸時代には髪を束ねたり、いろいろな形で結んだりするようになります。このとき用いられた髪飾りのひとつが金属や竹などでつくられたかんざしです。その起こりは縄文時代、1本の細い棒には不思議な力が宿っていると考えられ、それを髪に挿すことでその力を得ようとしたのではないかという説があります。

＊

かんざしには、さまざまな形態があり、先端は棒状のものと、二股に分かれているものがあり、装飾もなされました。代表的なもののひとつが「つまみかんざし」です。これは羽二重という和服の裏生地を使ってつくった花などをつけたもので、江戸時代の中期以降、大流行しました。今でも、七五三などで見ることができます。

一方、男性は体に飾りを身につけることはほとんどなく、着物の帯に巾着や印籠などを吊るすために使った「根付け」と呼ばれる今のストラップのようなものに、いろんな装飾をしておしゃれを楽しみました。

根付け

指輪

西洋での指輪は、紀元前1500年頃から使われるようになったと考えられています。このときから単なるアクセサリーではなく、魔除けやハンコのような役割も持っていました。結婚指輪を左手の薬指にすることが広まったのは、17世紀のヨーロッパだとされています。

アクセサリー

　指輪の起こりは、紀元前1500年頃の古代エジプトにあったと考えられています。今では、指輪といえば、アクセサリーのひとつという認識が強いと思いますが、この当時は単なる装飾としてだけでなく、魔除けや、また印形を彫ったハンコのような役割を持つ指輪もありました。

　材質は、古くから金や青銅が用いられており、宝石の研磨技術が向上した17世紀頃からはダイヤモンドなどをちりばめたものもあらわれます。現在は加工のしやすさや、飾る宝石の美しさを際立てる色合いなどから、プラチナがよく用いられています。

現在、婚約のときは男性が女性に結婚指輪を贈り、結婚式では男女で指輪の交換をおこなうのが一般的です。それぞれのはじまりは、婚約指輪は古代ローマ時代、結婚指輪は16世紀のアメリカとされる説があります。そして現在のように左手の薬指にするよう定まったのは17世紀のヨーロッパだとされています。薬指である理由は、かつて心臓には人への愛情が宿っているとされ、薬指はこの心臓とつながっていると考えられていたためとされます。結婚

婚約指輪

指輪は装飾の少ないシンプルなもので、婚約指輪はダイヤモンドなどを装飾した華やかなものが用いられることが一般的です。

✳

日本では、弥生時代から指輪が使われていた形式があり、古墳時代には大陸から伝えられた銀などでつくられた指輪がありました。しかしそれ以降、使われることはなく、江戸時代の終わりに「指金」と呼ばれる指輪をする人がいたものの、明治時代になってもそれほど広がりませんでした。現在のように婚約指輪が一般化したのは、1960年代以降のことになります。

アクセサリーとジュエリーはどうちがう?

身を飾るものにはアクセサリーの他にジュエリーという言葉もあります。そのちがいは、アクセサリーは素材を限定しない一方、ジュエリーは希少価値の高い貴金属や宝石を使ったものに限定して使うところにあります。またピアスとイヤリングのちがいは、耳たぶなどに穴を開けて使うのがピアスで、挟むのがイヤリングになります。ネックレスとペンダントは、首の周りを飾るアクセサリーの総称がネックレスで、とりわけチェーンや紐の先にトップ(ペンダントトップ)と呼ばれる飾りがついているものをペンダントと呼びます。

くらしの中の和と洋

衣

手ぬぐいとハンカチ

　日本では、洗った手をふいたり汗をぬぐったりする布として手ぬぐいを用いてきました。一方、西洋ではハンカチが使われてきました。おおよそ同じ目的のために使う布に、なぜこのようなちがいが生まれたのでしょうか。現在、日本では手ぬぐいが見直されて、使う人が増えていますが、そのよさとはどういったところにあるのでしょう。

✳ 手ぬぐい ✳

　日本の手ぬぐいは、手をふいたり汗をぬぐったりするだけでなく、頭にかぶることもできる布です。江戸時代には、ファッションアイテムとなり、その柄を見せ合う「手ぬぐい合わせ」というイベントもおこなわれていました。近年、そのよさが見直されて、愛好する人も増えています。

手ぬぐい

手ぬぐいは、汗をふいたり、頭にかぶったりする日本で古くから使われてきた布のことです。その起こりは奈良時代頃とされ、当初は神事の際に身に着けるものとして使われ、主に麻からつくられていました。それが次第に日常的に使われるようになり、綿花の栽培が盛んになる江戸時代以降、主に綿でつくられるようになります。

姉さんかぶり

✳

手ぬぐいの特徴のひとつに、端が切りっぱなしなことがあげられます。ハンカチやタオルなどは、端の部分を縫って加工しますが、手ぬぐいは切ったままです。そのため、糸のほつれが気になる人もいるでしょうが、端の部分に水が溜まることがなく、早く乾き、衛生面でも優れているとされます。

また手ぬぐいは長方形で、正方形が多いハンカチとは形がちがいます。

この形であったことも一因となり、手ぬぐいには、「かぶる」という用途も生まれました。土埃から髪を守ったり、また暑さ寒さをしのいだりするために手ぬぐいを頭部に巻きつけるのですが、そのかぶり方には「姉さんかぶり」や「ほおかぶり」などさまざまな方法があります。

手ぬぐいの柄は、もともと無地でしたが、江戸時代にはさまざまな色や文様で染められるようになりました。そして江戸時代のファッショアイテムのひとつとなり「手ぬぐい合わせ」といって、ファッション性に優れた手ぬぐいを見せ合う品評会のような催しもおこなわれていたようです。

✳

戦後、日本が近代化する中、手ぬぐいよりもハンカチやタオルが使われるようになりましたが、近年は手ぬぐいのよさが見直されて、デザイン性に優れた手ぬぐいを中心に人気となっています。

❋ ハンカチ ❋

西洋のハンカチは、加工しやすく安価な素材でつくることができるので世界に広がりました。その形が正方形であるものが多いのは、フランスの国王ルイ16世の妃であったマリーアントワネットの影響があるとされます。明治以降の日本では、手軽に西洋を感じられるアイテムでした。

ハンカチ

　正式名称を「ハンカチーフ」というハンカチは、西洋で古くから使われている手や汗をふく布です。

　その歴史は古く、紀元前3000年頃のエジプトの王女の墓から発見された麻の布が、ハンカチのはじまりではないかと考えられています。

　中世には、身分の高い男性の持ち物とされて、戦場に行く兵士に自分のイニシャルを入れたハンカチを女性が贈ったという話が残っています。その後、次第に女性や庶民も使うようになりました。

　加工しやすく安価な綿素材でつくりやすいハンカチは、世界に広がっていきます。その中で

レースや刺繍などで、さまざまなデザインが施されていきました。

　当初、ハンカチの形は長方形や円形などいろいろなものがありました。これをフランスの国王ルイ16世の妃であったマリーアントワネットが、正方形と定めて国内外に広めたとされます。この当時のハンカチは、どんな物を持っているかでその家柄がわかるといわれるほどに、注目されたファッションアイテムでした。そこでマリーアントワネットは、ハンカチを正方形に定め、自分だけが形のちがう珍しいハンカチを持つことで、目立とうとしたという説があります。この説の真相は定かではありませんが、現在11月3日がハンカチーフの日になっているのは、マリーアントワネットの誕生日である11月2日に近い祝日だからだそうです。

　日本では明治になってから、大衆にもハンカチが広がっていきます。それまで手ぬぐいを使っていた日本人にとってハンカチは、手軽に西洋を感じられるアイテムでした。

ハンカチの刺繍

マリーアントワネット

コラム　なぜ落語家は手ぬぐいを持っているのか？

　手ぬぐいが、仕事をする上で欠かせない職業が、落語家です。落語家は、必ず手に扇子と手ぬぐいを持っていますが、これは風を送ったり、汗をぬぐったりするためというよりも、演じる上での小道具にするためです。扇子は、筆やタバコを吸うキセルになります。そして手ぬぐいは、財布や手紙、何かを書き記す帳面になるのです。また落語家は、お世話になった人にオリジナルの手ぬぐいを御礼に渡すなど、何かと手ぬぐいと縁のある仕事です。

落語の小道具

ふんどしとパンツ

　日本では、男性は「ふんどし」、女性は「腰巻き」といった下着が使われていました。一方、西洋では、その起こりは日本と変わらないものの、徐々にファッション性のあるものや、体のラインをつくり出すコルセットのような矯正下着も生まれます。日本と西洋の下着のちがいについて見てみましょう。

日本 JAPAN

ふんどし

　古来、日本で使われてきた下着といえば、男性はふんどしです。一方、女性は腰巻きと呼ばれる布をまとっていましたが、何も身につけない人も少なくありませんでした。日本で西洋の下着が広まるのは昭和になってからで、服よりも下着は遅れて西洋化しています。

祭りふんどし

日本の男性の下着といえばふんどしが思い起こされます。

ふんどしは、下半身に身につける布ですが、陰部（前方）は覆い隠すものの、臀部（後方）が露出しているのが大きな特徴です。古墳から出土した埴輪にも見られるように、古くから使われ、戦後しばらくまで日本の男性の多くはパンツではなく、ふんどしを使っていました。今でも祭り衣装として見ることができます。

ふんどしが使われた理由としては、風通しがよく吸収性に優れており温暖な日本の気候に合っていたことがあげられます。またキリリと締め上げられた形状から強さやたくましさの象徴とされたことも、要因のひとつでしょう。事実、戦前から猿股と呼ばれるパンツ状のものもありましたが、軍隊などではふんどしを推奨する声も少なくなかったようです。

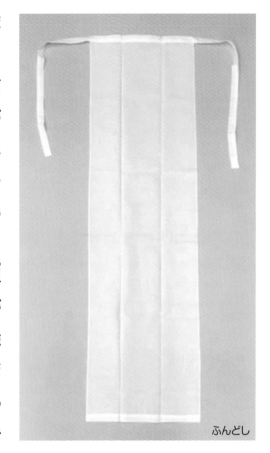

ふんどし

※

一方、日本の女性がつけていた下着が腰巻きです。湯文字とも呼ばれるこの衣類は、長い布状のもので、ついている紐を使って腰に巻きつけて使いました。その起こりは平安時代にあるとされ、白や緋色などに染められた布が使われていました。湯文字という別名からもわかるように、江戸時代中期まで混浴であった日本において銭湯の中でも使われるものでした。なお、男性用の下着と思われているふんどしですが、生理用品として、女性も使っていたようです。

昭和初期頃から、ズロースという半ズボン状の下着も普及しはじめましたが、戦後までは腰巻きを使っている人の方が多かったようです。男性も女性も、洋服が先に西洋化し、下着は遅れて西洋化したのです。

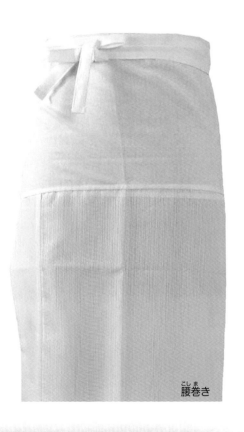

腰巻き

世界
INTERNATIONAL

パンツ

西洋では、11世紀頃柔らかな布を巻きつけて腰と太ももにヒモで固定する「ブレー」と呼ばれる外衣が、衣服の下に隠れて下着となったと考えられています。女性の下着には、体のラインをつくり出すための「コルセット」や、ドレスのすべりをよくする「スリップ」なども使われるようになりました。

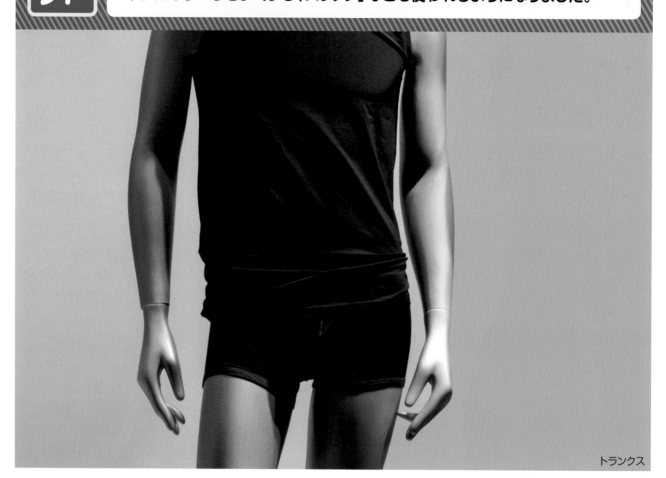

トランクス

　下着のはじまりについては諸説あり、そのひとつとしてあげられるのが古代エジプトの「シェンティ」と呼ばれるものです。これは腰のまわりにまとわせた布を革のひもで固定したもので、その姿が古代の壁画にも描かれています。ただ、この当時、衣類に「外衣」とか「下着」という明確な区分はなかったであろうとも考えられています。

✳

　外衣と区別される形での下着のはじまりと考えられているものが、11世紀頃に広まった「ブレー」と呼ばれる衣類です。もともとは柔らかな布を巻きつけて腰と太ももにヒモで固定する外衣でし

くらしの中の和と洋

衣

たが、次第に外衣に隠れる形で下着として使われるようになりました。こういった下着が、今でも広く使われるパンツへと変わっていきます。

コルセット

※

　下着といえば肌に密着させる柔らかな衣服というイメージですが、体のラインをつくり出す硬い材質でつくられた女性下着もあります。現在では矯正下着や補整下着と呼ばれるものですが、この源流のひとつであるコルセットが、16世紀頃から西洋で流行します。17世紀頃からは、ドレスのすべりをよくするスリップやキャミソールといった女性下着も登場しました。

下着広告（1913年頃）

※

　現在、男性用の下着としてポピュラーなトランクスは、1910年、アメリカで上下一体型の着衣から下の部分が分離される形でつくられたものです。一方ブリーフは、1935年に伸び縮みしやすい綿などの素材を用いて、アメリカのメーカーが密着する下着として開発しました。「ブリーフ（briefs）」は、短いという意味を持つ言葉ですが、これはこの下着が股下の部分をカットされた短いものであることに由来しています。

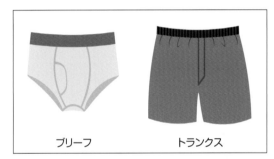
ブリーフ　　　　トランクス

浴衣とバスローブ

　「浴衣」といえば、夏祭りや花火のときに着るというイメージも強いでしょうが、肌によく馴染み、汗もよく吸ってくれるので、湯上がりに着るものとして広まったものです。今でも日本旅館などに泊まりにいくと、風呂上がりの服として浴衣が用意されていますよね。この浴衣と同じく風呂上がりに着るのが、西洋のバスローブです。こちらはバスタオルのような生地でつくられているので、濡れたままの体で着てもよく、この中で体をふき乾かすために使われます。

バスローブ

くらしの中の和と洋

衣

わらじと靴

日本でも西洋でも、現代の人は同じような靴を履いています。しかし、江戸時代から明治に至るまで、日本では稲藁で編んだ「わらじ」が多く用いられました。一方、西洋では古代ギリシアの時代から靴が使われ、日本より早く庶民にも広まりました。なぜこのようなちがいが生まれたのでしょう。日本と西洋、それぞれの履き物の歴史を見てみましょう。

日本
JAPAN

わらじ

わらじは、稲藁でつくられた日本の伝統的な履き物で、主に旅など長い距離を歩くときに使われました。靴よりもこの藁でつくられた履き物が使われたのには、材料の藁が豊富だったことや、ぜいたくな履き物を使うことが江戸幕府によって禁じられていたことなどがあげられます。

わらじ

日本の伝統的な履き物として、下駄と同様にわらじを思い起こす人は多いのではないでしょうか。わらじとは、その名の通り藁で編まれた履き物です。ただ「藁ぞうり」もあり、藁でつくられたもののすべてがわらじではありません。わらじの最大の特徴は、ついている紐でかかとからつま先、足首を結んで固定するところにあり

稲藁

ます。このため長い距離を歩くのに適しており、旅などの際に用いられました。一方、鼻緒を使って履く「ぞうり」は、短い距離を歩くためのものです。

＊

わらじは、江戸時代はもちろん明治になってからも庶民の間で使われていました。

理由としては、材料となる稲藁が、稲作をおこなう地方を中心に豊富にあったこと。日本では、動物の皮を使った手工業が発展しなかったこと。身分制度の厳しかった江戸時代には、庶民はわらじや藁ぞうりといった粗末な履き物しか身につけることが認められていなかったことなどがあげられます。

藁ぞうり

ただ、日本に靴がなかったかといえばそんなことはありません。江戸時代にも、降雪地帯を中心に藁でつくった藁靴が使われていました。また、飛脚や駕籠をかつぐ駕籠かきの人たちが使った足袋の形をした足袋沓は、かかとの部分を補強して裏に鋲を打って補強をしたものです。

藁靴

＊

日本で靴が使われるようになったのは、古墳時代頃からと考えられています。しかし、その中心は貴族や身分の高い人で、庶民は裸足、またはぞうり、下駄が主な履き物でした。

西洋風の靴が履かれるようになったのは、明治になって洋装が広がってからのことです。

靴（くっ）

西洋では、古代ギリシアの時代に靴の原型（げんけい）と呼（よ）べるものができました。日本では鼻緒（はなお）で履（は）く履（は）き物（もの）が使われましたが、西洋の履（は）き物（もの）が靴（くっ）の形のまま進化したのは、日本とくらべて寒く、保温（ほおん）する必要があったからと考えられます。足に履（は）く衣類（いるい）にもちがいがあり、日本では足袋（たび）、西洋では靴下（くつした）です。

靴（くっ）

西洋の靴（くつ）の歴史（れきし）がどこからはじまるのか定（さだ）かではありませんが、古代エジプトの時代にはすでにサンダルのようなものがあったと考えられています。そして古代ギリシアの時代には、1枚（まい）の皮で足を包（つつ）む靴（くっ）の原型のようなものが生まれたとされています。

当初、靴（くっ）の目的は足の保護（ほご）と保温（ほおん）でしたが、次第（しだい）にファッション性（せい）を帯（お）び、15世紀（せいきごろ）頃から美しいデザインの靴（くっ）がつく

中世の靴（くつ）

られるようになります。そして16世紀にはヒールのついた靴が登場しました。そして19世紀には、ミシンを使っての量産もおこなわれるようになり、20世紀にはほぼ現在のような靴がつくられました。

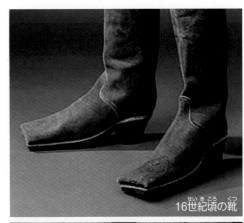
16世紀頃の靴

西洋に、日本のわらじや下駄、ぞうりのような鼻緒を使った履き物が少ないのは、寒冷な地域が多い西洋では、足を覆う履き物が必要であったためと考えられます。

また素材も大きくちがいます。日本では、稲作でできる藁を使った履き物がたくさんつくられましたが、西洋では動物の皮を使った靴が早くからできます。またオランダでは木で靴がつくられていました。同地は川などを干拓した場所が多く湿った土地が多いため、水や泥に強く、湿気を防ぐ木靴が用いられていたのです。

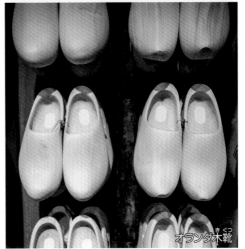
オランダ木靴

足に履く衣類にもちがいがあります。

西洋で使われてきたのは、今、わたしたちも日常で使っている袋状になった靴下です。一方、鼻緒を使って履くぞうりなどが用いられていた日本では、つま先部分が親指と他の4本の指に分かれている「足袋」が使われてきました。

わらじや下駄のことわざの多さからわかること

日本には「わらじ」や「下駄」を使ったことわざがたくさんあります。たとえばわらじには「二足のわらじを履く」（二つの職業をこなすこと）や「金のわらじで尋ねる」（根気よく探し回ること）など。下駄には「下駄をあずける」（相手を信じて一任すること）や「下駄を履くまでわからない」（勝負はやってみないとわからないこと）などがその例です。靴に関することわざや慣用句が日本にはあまりないことからも、わらじや下駄の方が日本人にとって馴染み深かったことがわかります。

メイクと羞恥心にもある「日本人らしさ」

　日本には明治時代の終わり頃まで、女性に「お歯黒」という風習がありました。

　これは酢酸などに鉄を溶かした溶液を歯に塗って黒く染めるというもので、メイクのような意味合いだけでなく、虫歯の予防、また虫歯の進行を止める効果があったことがわかっています。結婚した女性の多くがおこなっていましたが、西洋化を進める明治政府が髷や帯刀などとともに禁止令を出し、大正時代にはほとんど見られなくなりました。

　この「黒い歯が美しい」というのは、当時の日本人が持っていた独自の美意識といえるでしょうが、現代の日本と西洋にも異なる美意識があります。

お歯黒

　そのひとつが、実際の年齢よりも若く見られたいか否かです。日本人、とりわけ女性には若く見られたいという人が多く、念入りにメイクをしている人の割合も多いようです。一方、西洋には年相応に見られたい人が多く、メイクもあまりしない、またはまったくしない人も少なくありません。

さまざまな化粧品

また、高齢者の服装は、日本人は黒やグレーなど落ち着いた色を着る人が大半ですが、西洋では赤やオレンジなど、派手な色を着る人が少なくありません。こういったところにも、美意識やおしゃれに対する意識のちがいを見ることができます。

恥ずかしいと思う気持ちのことを「羞恥心」といいますが、この羞恥心にも、日本と西洋ではちがいがあります。

たとえば人前でのハグ。日本では、人前でのスキンシップに抵抗のある人が多く、ハグをする人もあまりいません。しかし西洋では、友だちともハグするのが当たり前。そのため人前で恋人とハグをしたりキスをしたりすることに抵抗を覚える人もそれほどいません。

ハグ

男性では、日本には頭の髪の毛が少ないことを恥ずかしく思う人が少なくありません。ただ、西洋ではそういった頭をかっこいいと考える人も多いのです。

女性ではどうでしょう。現代の女性は、短いスカートやショートパンツを着用する人が少なくありません。しかし日本では、昔から露出度の低い服を着ることがよいとされてきました。

対照的にヨーロッパなどでは、露出度の高い開放感あふれる服を着る文化が早くから根づいていました。

主要参考文献
『絵で見る 服とくらしの歴史』（菊地ひと美・著／講談社）
『教養としての着物』（上杉恵理子・著／自由国民社）
『クール・ジャパン!? 外国人が見たニッポン』（鴻上尚史・著／講談社現代新書）
『紳士服を嗜む』（飯野高広・著／朝日新聞出版）
『新版 世界史モノ事典』（平凡社編）
『新版 日本史モノ事典』（平凡社編）
『開幕! 世界あたりまえ会議』（斗鬼正一・著／ワニブックス）
『裸はいつから恥ずかしくなったか』（中野明・著／ちくま文庫）
『服飾の歴史をたどる世界地図』（辻原康夫・著／KAWADE夢新書）
『和服がわかる本』（こどもくらぶ・編／岩崎書店）
そのほかたくさんのウェブサイトも、参考にさせていただきました。

画像：PIXTAほか

編著：岡部 敬史（おかべ たかし）
1972年京都市生まれ。早稲田大学第一文学部卒。出版社勤務を経てライター、編集者として活動。京都で生まれ育った後、東京で生活した経験から「東西文化比較」をライフワークのひとつとしている。
著書に『くらべる東西』『くらべる京都』『見つける東京』（東京書籍）などがある。
個人ブログ「おかべたかしの編集記」。

調べて、くらべて、考える!
くらしの中の和と洋　着る

発　行　2024年2月　初版第1刷発行
　　　　2024年7月　初版第2刷発行

編　著　岡部 敬史
発行者　三谷 光
発行所　株式会社 汐文社
　　　　〒102-0071　東京都千代田区富士見1-6-1
　　　　TEL 03-6862-5200　FAX 03-6862-5202
　　　　URL https://www.choubunsha.com
印　刷　新星社西川印刷株式会社
製　本　東京美術紙工協業組合

ISBN978-4-8113-3073-0　　　　　　　　　　NDC383